Lluvia en las dunas

Lluvia en las dunas

Iliana Rosabal-Pérez

Ediciones Laponia
Houston, TX
2019

Copyright © 2019 Iliana Rosabal-Pérez
Todos los derechos reservados.
Título: Lluvia en las dunas
Autora: Iliana Rosabal-Pérez
Corrección y edición: Whigman Montoya Deler
Jorge Venereo Tamayo

Diseño de cubierta y contraportada: Jorge Venereo Tamayo
Imágenes de cubierta de Thu Trang y Alexas_Fotos

Todos los derechos reservados. Publicado en los Estados Unidos de América por Ediciones Laponia, LLC.
Prohibida la reproducción total o parcial de este libro sin autorización previa del autor.

Información de catalogación de publicaciones disponible en la Biblioteca del Congreso de los Estados Unidos.
LCCN # 2019953944

ISBN: 1-7339540-5-8
ISBN-13: 978-1-7339540-5-1

info@edicioneslaponia.com

www.edicioneslaponia.com

Hecho en los E.U.A., 2019

Ediciones Laponia

Índice

Círculos vitales 11
Cartolina di Firenze 13
Saudade II 15
Ars poetica 19
Ínsula 21
Sequía perenne 23
Eva 25
Elogio de la soledad 27
Juego antiguo 29
Alternativas 30
Atrapados sin salida 31
Clase de botánica 33
Parte del aire 35
Retrato de dama ante el espejo 43
Reversos 47
Desidia general 49
Lascivia, cadalso, pergamino 51
Años duros 54
Lecho abandonado 57
La hidra y el sueño 58
Lluvia en las dunas 61

Avrindo la puarta dil tiempo
tu sueniu dexa cayer yuvia dormida
dámila tu yuvia...

Juan Gelman

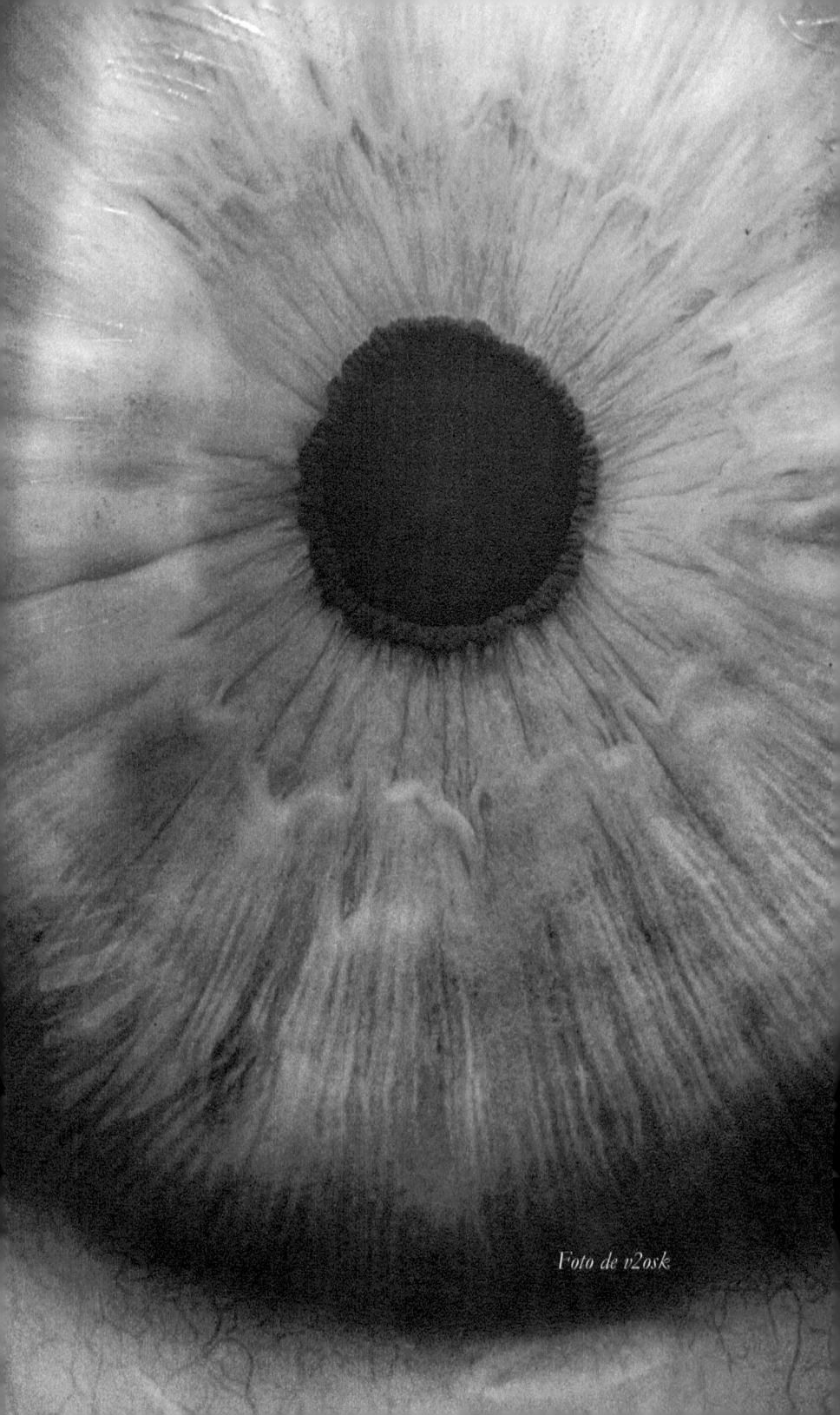

Círculos vitales

> *lo que usted es no puede ser descrito,*
> *excepto como negación total.*
>
> Sri Nisargadatta Maharaj

No soy del círculo del Fénix
no advierto trama alguna
sobre la vieja cerca de ladrillos.

Soy mudez   piedra herida
escritura célibe de animal retozando alegre
sobre el filo de una espada.

No soy del círculo del Fénix
soy oratorium en Silos
albedrío imprudente
a juzgar por el oleaje
a juzgar por tanta risa
de las viles cigüeñas acampadas en el río.

Soy estirpe coronada en un triángulo de espuma
o en el lecho de alguna frase
que haya podido sosegarme.

Soy organista soy La Fijeza
madrigal emancipado liberando a la doncella

vuelo   celaje   romerillo creciendo despacio
sobre el sepulcro de Atila.

No soy del círculo del Fénix
no pido ayuda sino ayunos
o acaso el místico anonimato
que otros tuvieran antes de la cimitarra.

Soy poderío reina breve
regazo para cobijar a los guerreros desolados.

¿O soy del círculo del Fénix
trama de ladrillos
doncella y cimitarra
romerillo estallando despacio por las entrañas de Atila?

¿Potestad de cruenta reina
que comanda a las cigüeñas
a las viles cigüeñas acampadas en el río?

Cartolina di Firenze

Por Alatiel y Ernesto.
Por seis amigos que prometimos volver a la Gran Piedra.

Ella vive en Florencia
muere y renace en las noches y en los tedios de
Florencia
escucha el arpa
el viento nuevo que hace el viento
al filtrar los ventanales del Palazzo Médicis-Riccardi.

Ella llora arrebujada con los fotogramas
"Danzad, danzad malditos" se mira las manos que
/mueren
y es ella ciertamente quien se muere
viéndose en la tarde tan recia y elevada
sobre el Arno sobre el Ponte Vecchio.

Ella piensa en los rizos negrísimos de Ernesto
difícil historia en Camagüey
difícil travesía de Jiguaní a su alma
y saberlo lejos
allá en Rio

en la otra ribera del mundo que un día se juraron.
Promesa de reencuentros
tan lejos Firenze del río de enero
Oh Santa Maria dell Fiore.

Acaso haya milagro si se aman
si él creyera en el Redentor del Corcovado
no estaría lejos Florencia
ni su Beatrice tan cerca del cielo
ni de Rio   ni de Cuba   tan lejos.

Saudade II

La espina dorsal era el punto donde menos esperaba.
No temía la tendencia universal que asimila
ni la sombra estrechando sobre mí.

No sabía de la arena
ni de tropezarse en el recuerdo con algo así
como cimbrar de vértebras bajo el cristal.

Sin nada o la ropa la piel no iba a dolerme
ni tampoco la lluvia
no esa agua tan solo.

A pesar del frío era puro abrigo en el centro de la nada.
Cómo no iba a serlo si alguien me dio su alma y la sostuve
y sentía entonces la música de mi alma.

Ahora siento el sabor de la arena bajo mis ropas mojadas
el frío necio   la quiebra del cristal
y todas las aguas y todo el recuerdo
de alguien que me dio su alma y la sostuve.

Foto de Zane Lee

Luego de haber sido feliz difícilmente ansías.
Luego de haber sido feliz
se instala un frío siniestro de arena mojada.
Luego de haber sido feliz difícilmente olvidas
el peso exacto de las almas en el paraíso.

Foto de Siora

Ars poetica

> Haces bien en poner banderines de aviso
> en el límite oscuro que relumbra de noche.
>
> Federico García Lorca

Pongo un epígrafe oloroso a higuera
a pozo enmohecido donde los camellos abrevaban.

La fábula no mejora
sólo impresiona como el gorro frigio del ángel
como las casacas de los sepultureros
muerto mi amigo en Bayona.

La misma muerte aquellos trajes
aquel ceremonial del ataúd y del enterrador
que luego sería entrenador de tenis
la misma ironía alejando su risa
al cuarto del fondo.

Pongo un epígrafe donde se abre un libro
frase de otro para hacerlo mío
playa que hemos prostituido
frontón honorable para decir como si fuera otra
para esconderme como la amanuense ¿entiendes?
alabando a los que pagan

coqueteando como falso escriba
suerte de moneda que es eterno marinero.

¿Qué puede pasar si no conmino al cambio
tras mi humilde colgadura?
¿Si vuelvo a traicionar o a mentir infaliblemente?

¿Qué pueden decir si juego yo también a las calecitas
cínica nauseabunda como tanto manuscrito?
¿Si despedazo el madero y luego digo
son malas astillas las del árbol
son malos el verso el ángulo atroz del poeta?

Cierro tapas   abrillanto el marco
vivo en tiempos de astucia de suscribir el borde
de lidiar con los metales
tiempos de decir como si fuera otra.

¿Quién sabe qué vale más
epígrafes honorables
ceremonia final de mi amigo muerto en Bayona
el ámbito feraz de la moneda
o ser fiel de nuevo?

Ínsula

Pobre isla
cae a pedazos mientras la miro.

La gente gira en círculos
de calor y dulzura.

Tiempo almibarado
danzando en la noche inmensa de los números
trovando en la espera igual redonda
sujeta a heridas a una lluvia que no cae
o se exhibe suspendida
piñata-paraíso cada noche más lejano.

Pobre mañana
igual redondo
igual rotundo
amasado con polvo y verbo enamorado.

Foto de Paul Robert

Sequía perenne

No vendrá.
La lluvia no vendrá
eso dicen y nos matan.

Vuelo de gaviota infinitesimal
tiempo mío de estarte soñando
escancia de una vez
termina con la sed tremenda
de los verdaderos hijos de Dios.

La lluvia no vendrá a esta tierra durísima
de sequía perenne
a este vuelo infinitesimal
tiempo absurdo de estarle soñando.

No será cierto ¿verdad?
¿No será eterno?

Eva

Para Lena García

Sostén la manzana
apretada contra el labio
sólo sostenla.

No es el caracol en tu oído
ni la sierpe en el jardín.
No es la ciencia ni el amor
como es obvio Eva.

Sólo es una manzana
repleta y disputada
dicen que la caja del miedo
el primer paso en la hebra de la vía.

Sostenla sin furia
sin apurarte
nunca ha sido tuya   ni de nadie
aunque puede que esté escrito
que el sabor será del hombre
para que tú lo arrebates.

Foto de Stefano Pollio

Elogio de la soledad

*¡Devolver las luces
supone una mitad de árida sombra!*

Paul Valéry

La soledad es una máscara binaria
alrededor infiernos te vienen encima.

La soledad te cierra a la idea de la tribuna
te hace aquietar el escándalo de voces que te impiden
oír
ahoga el grito en una rabiosa mansedumbre
vienes siendo un velero de remos recogidos.

Avistas a la deriva mil mugrientas botellitas repletas de
mensajes
desesperados que lanzan voces y vidas al agua
avistas a muchos asfixiándose para renacer.

Ahora entiendes el principio y la razón de todo mensaje
el premio de mirar tus manos tan terribles y solas.

De esperar habrás conseguido las respuestas.
De escuchar nada buscarás en la tribuna
ya eres la crisálida de vidrio en el estanque.

Estás sola y no lo estás.
No eres quien se mira temblando.
Ahora tienes la paz en todos los avenires.
Ahora dispones de algo más que de un profuso lirio mancillado.

Juego antiguo

Tan sólo aire de las ventanas
silencio que todo lo abrasa
esa y todas las palabras.

Hay distancia salva
no trasiego crudelísimo
cuando buscas en el suelo.

Existe otra esfera donde no pastan gaviotas negras
donde no vas a asfixiarte en un agua dilatada.

Arroba al niño desolado en la plaza
tienes la espera el apoyo de tu espalda
te salvarás de la muerte y de las sombras
nadie va a hundirte
vas a anidar como Dios
a perdonar y obrar con el oficio más simple.
Vas encontrar el camino.

Alternativas

Sé la costilla
sostiene la manzana
sé el huso y la hilandera
el arquero el minotauro
la rama hospedera de Pilatos
foso o puente levadiso
Freddy   Gandhi
Mariana de Neoburgo
armadura en castillo embrujado
sierpe fementida
virgen violada por el toro
vena sangrante de Marat
polvo del Viacrucis
lingua franca de Babel
sé espinazo de ballena
trirreme rompiendo en plena ola
vergüenza de apostador
cúpula que ama los suelos traicionados del Pontífice
sirena eunuco de mares
infinita rabia de mirar
sé   tú.

Atrapados sin salida

A Milos Forman
A Raúl Hernández Novás

Alguien voló sobre el nido del cucú
alguien se quedó atrapado Milos
para siempre en su candor
en su rebelde hegemonía.

Alguien que significa
qué manera de irritar.

Alguien amado y peligroso
hermano del mar y de las nubes
infante a quien a toda costa
y a todas luces le apasiona el gobernalle.

No vaya a ser que la locura
se ramifique en el agua
que la foliación vuele como los pájaros.

No vaya a ser que la razón germine
y siga abriéndose Milos
la puerta de la jaula.

Clase de botánica

Se va a morir el pie
la columna de su cuerpo
la carcajada de sus ramas
que invoca una a una a sus yemas
a que sean las puntuales razones de su vida.

Empezarán por el aire
por la aureola alrededor del ahorcado
por la cruz de ceniza y los trapos malditos
por el ramalazo dulce del poeta que trepa
buscando el lado infuso de la luna entre el celaje
empezarán por los cien rayos caídos
por los metales sagrados.

Van a morir los árboles
de terquedad
de malquerencia
del niño malo torturando codornices
de la ingesta de sol
de los frutos podridos que harán reír al tuerto
y temblar el lecho de tomates y alcachofas
de un soberano sufí.

Van a morir los árboles
si ponen barreras
si gritan idioteces como *libertad*
si no lloran al pie natural de las hormigas.

Van a morir los árboles
si dormidos o si despiertos caminamos hacia un muro
si confío en cada guerra que el hombre inventó
si no supiera qué decir o si callara.

Van a morir los árboles
si no te mueres y si lo haces
igual van a morir los árboles
como adulta manada
que extraña a los zorrillos librados del dolor.

Van a morir los árboles
las clases de botánica
los miles de suspiros insertos en las hojas
y este Dios y el otro Dios
y el metabolismo detrás de cada bomba
desayunando en el poniente.

Van a morir los árboles
de una muerte epónima
vegetal ilógica exacta
de una muerte inhiesta
pero mucho más orgánica y civilizada
que la muerte diaria de los hombres.

Parte del aire

A Jacqueline, la bella andariega de Santiago.

Todo detallado en un expediente.
Y allí va, parte del aire.
Y allí va, en libertad.

Fito Páez

I

Está loca dicen los zaguanes
las piedras con sus maleficios
no será la primera vez que lo digan
ni la primera vez que ella lo hace.

La han visto despeñarse contra el aire
gritar para rejuvenecerse
la maldición ha sido siempre el mejor de los consuelos.

Se puede hacer de todo menos de bufón
menos de desolado   no hay semejanza   ella está loca
en todas las esferas en todos los altares
locamente arrebatada.

Igual los pájaros se lanzarían contra el cable
qué destreza qué fragilidad en anido

loca de cuerpo entero
ha marcado a todos liberando la noche y las ventanas
permitiendo las ranas y la luz
qué venga el horror qué venga Dios.
Loca en su almohada en su madero
en la cruz como dintel bajo la puerta
secretea en la entrada ya sabes sin esperanza.

Al menos eso han dicho los amigos
los verdaderos amigos los de antes
no los de ahora que es la parturienta
danzando en los portales.

Ellos sí la vieron hermosa hablando feliz a las
buganvilias
no la vieron nunca poniendo sus manos de amparo
protegiéndose de la fiebre alveolar
que llega a los sitios minúsculos
y estalla dentro como el ciprés en los cementerios.

Ellos han seguido viéndola en su verdor eterno
como a una de esas amigas verdaderas
no las de ahora que desolan con sus miradas de gato
como nuncios pregonando santidad
haciendo de piedras contritas
para que no puedas patearlas.

Está loca eso dicen los zaguanes
y hasta ella misma le conviene decir a veces

yo estoy loca no me lancen al perdón (nadie perdona)
qué pase Dios qué pasen la luz y las ranas
qué queden libres todos en mi casa.

Alguien habría quitado el cancel mejorado la cruz
alguien hubiera podido hacerlo   señores
no quererla distinta
no buscarle paralelo
ella no tiene la acrobacia de los pájaros
sobre el cable mojado
sólo jura que ha pasado Dios por su ventana
mirándola bailar en los portales
tirándose contra el aire
contra las piedras y sus maleficios.

No evita ser la loca que nos ama
como nadie lustra los rabiosos maderos
que oprimen su ventana   y nos los da
no quiere insultarnos ni ser el bufón
sólo dejarnos libres soltarse.

Ahora que ya dejó bruñido el madero
que libró su alma con aquel escrito apenas traducible
salvémosla señores.

Ahora que no están ni los buenos amigos
ni el secreto dulce de sus buganvilias
acaso el abandono virgiliano de toda esperanza

Foto de Mohamed Nohassi

salvémosla de nosotros
que ame como prefiera
hará de todo menos de loca menos de desolada
salvémosla como ella a nosotros
dejémosle todo el viento y todo el espacio
que va a saltar.

II

Dejo mi bien dejo mi mal
el discurso del agua junto al fuego
ayudo a levantar a desmembrar la telaraña del pasillo
oscuro
ayudo más aún a serenarse como si fueras el
barquichuelo
vomitado por los rápidos.

Dejo mi bien dejo mi mal
creyendo que era más que ayer
más que los otros que mofaban al condenado
creyéndome siempre el condenado.

Fui la silla que abrió sus piernas al viajero
para reposar y acunarlo
para defenderlo de la austeridad del suelo
y al suelo del hombre
fui el amasijo de violetas estrujadas
adornando versículos equivocados.

Dejo mi bien dejo mi mal
como nadie a esta hora
hora de amanecer hora de los desterrados
bastante han sido los insepultos
los mancebos que entregó la historia
apenas por una vida sana.

Dejo dos   un hombre y una mujer
o a dos también del mismo sexo
rugiendo por una estancia
siquiera una simple estancia para aniquilarse.

Confío en la espera y su reencuentro
yo que no pude esperarle
confío en el curtido madero
una vez que te han herido.

Dejo mi bien dejo mi mal
aunque me vean bailar sólo eso
parir en los portales y en mitad de la plaza
al reírse no verán que estoy diciéndoles
sufrir asienta   se trata de suprimir
el deseo occidental
no entienden o tal vez no vean
el eje de la libertad que les entrego
no van a aquilatarla
es lo que pasa en todas partes
con la libertad.

Dejo mi bien   presiono una palanca
de donde saldrán gaviotas dispersadas
dejo mi mal porque ellos suponen que de la palanca
surgirán víboras infectando el jardín
he seguido el behaviorismo de las ratas
aquellas que al apretar palancas
sólo saben reírse o aplaudir.

Dejo mi bien dejo también mi mal
aún inconforme   pero confío
aunque pase de todo
aunque no pase Dios
existe el aire.

Retrato de dama ante el espejo

Lleva sapos bajo el vientre
no la rubicunda espiga que llevan las otras.

Ella no fue a encender la oscura pradera
ni a llevarse el tórax viviente
del bisonte en Altamira.

Sala del Ermitage.
Se está riendo el alguacil.
Está creciendo la estopa en su cabeza.
La línea oblicua del cielo el número neperiano
no hay que buscarlo en su cabeza.

Él solo va a apagar las luces   la va a maldecir.
Si otros demoran en verla   la va a maldecir.
Si llega tarde al samovar
al regazo amado de su amada
la va a maldecir.

No ve la majestad de unos sapos bajo el vientre.
Inconsolable madre de hijos devorados por el terco
Simún.
Dama que te miras mientras un paje te mira
en el espejo fulgurante del aposento.

Miles de ojos la están juzgando con la cara estulta.
Miles de manos ponen sudarios a la bestia errada
Como a toda bestia que apacienta junto al almiar
con su nimbo infame.

¿Alguien entiende la extraña rogativa
de la dama en sus estancias?
¿La mueca ominosa de su ruina la carne maldita?
Ella no quiso encender el tórax viviente
del búfalo en Altamira
renegó del triunfo y del hueso de las heredades.

Ocho pm. Se arquea la luz del Ermitage.
La fábula del lienzo riñe contra un lento samovar.
Se está mofando el alguacil   sin motivo
sinecura piadosa   molicie en su cabeza
deseo del cuerpo y su dádiva.

Allá los sapos la rupestre herida
en el vientre de raso
el paje el rostro inefable de la dama
los claroscuros y lejos un lento samovar.
La misma bifurcación cercó a la tribu
la misma que devorara a los inocentes de Cirene
la misma que hace reír y colocar aldeanos
en todos los museos.

¿Qué sabe un alguacil del lloro de una dama?
Cetro descalificado

inútil para apacentar las huestes o al terco Simún
¿Qué sabe un alguacil del tiempo y del desierto
devorador de hijos
de signos y de sapos?
Nueve pm. Sala del Ermitage.
Se ha marchado el alguacil
solo estopa   samovar molicie en su cabeza.

Dama a solas.
Ella no le condena si no entiende
que los hijos muertos de una dama no regresan
que el futuro condena y no abriga
que nada exime de sapos y de emular con otras.

Ella no le condena si no sabe
que a una dama nada salva
ni la piedad de los bisontes
ni las huestes redimidas por el terco Simún
ni el pintor de las cortes ni la risa ni la estopa.

La línea oblicua del cielo
no hay que buscarla en la cabeza.
El número neperiano formando el logaritmo
nos falta en la cabeza.

Ella no va a condenarnos
solo por vislumbrar un rostro impío en el espejo.
Ella va a perdonarte   Rembrandt

si no proteges a tu dama   a cualquier dama
de la incidencia
de la perspectiva
de la furia
de la luz.

Reversos

No lo cubre toda la pasión
hay vuelo estricto para tus miserias.

La justicia es un fuelle que impulsa
que decide si debes levantarte hoy.

Hay ciudades que mañana la tradición negaría
no es la muerte la raya fatal
ni la vida el reverso.

Unos escriben para salvarse
para traficar cual poetas
con su muro de tristeza innúmera
otros ignoran su vida con desfachatez.

No lo cubre todo el odio que mató a Jesús
el día se abre en varias ventanas
de fe y armisticio.

No lo cubre todo el terror
algo está encima
en el alma del padre y del hijo
algo se rebela contra toda negativa.

Desidia general

Está matando como leve muerte
la del roedor encarcelado
sin serrín siquiera
sin arbusto que dé un verdor
al paisaje cuadrado de su jaula.

Está matando concisa
tinte rabioso que dará al sufriente
la conciencia de morir.

Ya basta la desidia general.
No hay que matar con el desabrigo
con la torpeza de quien camina
sobre los mismos mosaicos.

Con qué denuedo está matando
la venda en la mano y en los ojos
con cuánta paz puede salir cualquiera a preguntar
por este dolor tan conocido.

Está matando como la esperanza
como el sinsentido como el carrusel
como la muerte la leve muerte
nos está matando la esperanza terrible daga
que dará al sufriente la conciencia de morir.

Lascivia, cadalso, pergamino

Te debes someter.
Trituran tus manos con furia aleve.

Te atan a otros resentidos
por otras calumnias
por otros desmanes.

Te abrazan a ellos para amarles
para borrar tu nombre y amarles
para que no olvides que eres el primer hombre
o la primera mujer
el primer escarmiento que unificara
a impávidos insectos desconocidos.

Arrastran la llaga de tu amor contra la piedra
nadie sangra tu herida largamente
nadie lame tus sitios más queridos.

Te hacen jirones te pegan fuerte
con una quemante saliva incrustan tu cara
la rosa de tu culpa la culpa de tu boca.

Has dicho *Tienen miedo* y era cierto
has vuelto a decirlo y el payaso fue a quebrar

con la broma inútil
la más útil pieza de su juego.

Fuiste la inhiesta lanza
y los ruines huyeron de sobriedad al fondo.

Se hartó la avaricia con sólo repetir:

Estoy feliz como niña en medio del hielo.
Si yo ganara un vergel un sudario de paz
Si yo tuviera un hijo   un lienzo
una madre que sepa entender.

No es báscula mi vía   ni es violencia ley o crimen.
Es el retorno de la inocencia u otra cosa fiel
otro postre digno de cualquier rosa de cualquier ave.
Si fuera solo una silueta y no más volara
por los arcos del cielo por los flancos de mí.
Si no hubiera que mostrarlo y morirse
sólo para Ser   mi único deseo.

Tal vez fue cierto.
Se volvió onerosa tu palabra
fierro   flama   Ávalon   tu credo.

Ahora van y dicen lo que va a suceder
caerte desplomada   desistiendo
esperando que otros te perdonen la vida
que otra vez te socorran

que otra vez te apuntalen
con una hermosa lanza.

Ahora van y dictan adonde irán tus huesos
la sed de tus muertos   el descanso de los parias.

Te quieren derrotada pero vas sin ataduras
sin el rostro amotinado de los últimos meses
el cuerpo   sarcástico más lógico que tus verdugos
menos espurio que su prédica
más volátil que sus mártires.

Te yergues con la túnica ensangrentada
por el látigo de los comuneros
esbelto el rostro masacrado
por la equidad de sus jueces.

Te vuelves   frente a todos
como el primer ángel
como el primer hombre
o la primera mujer
como aquel demiurgo y su palabra
como aquel amante
como aquel suicida
como Cristo que en Dios
se libró del Miedo.

Años duros

> *Íbamos a ser jóvenes y hermosos para siempre.*
>
> Odette Alonso

Lamento que el ruido de mi verso
no traduce una epopeya.

Lamento ser corteza de árbol
savia emponzoñada
canto que demorase la fe perdida.

Lamento no saber perfumar el aire
cambiarles la crudeza por otro balcón
por otra salida
no saber guiar como buen Talmud
por una sagrada causa o al menos

Lamento no haber sido ojo vital
no prevernos del saqueo que nos dio tanta vileza
la ausencia de perdón
el mirar despiadado el rostro duro en el espejo.

No poder anclarme.
Solo salir y volver por hilos de hielo mío

que no puedan salvarme con su fe harapienta con su
/tedio
que solo vengan a golpear sobre un yunque fatigado.

Lamento que en mi verso
no haya jolgorio de niños y tambores
solo fusiles y lamentos de viejos tambores
reanimando una epopeya.

Más que el himno y su epopeya
lamento reiterar volver a redoblar
con lo mismo que hoy se sabe.

Foto de Levi XU

Lecho abandonado

Silencios del tablero
fogata inmensa que abrasa que miente
crueldad de que te están mirando
y no salvan heridas sólo cuelgan alas falsas.

Nulidad de ayer cuando no me conocía
y sólo eran mi nombre y yo desde lejos
ensueños que extasían mascullando *suerte*
lugar de aprendiz.

Lechos que ya no prodigan nada
inicio de la maldad
brisa factual sobre algún puente
sonido y sólo sonido seco de una risa
error en la música y en el pleno deseo.

La hidra y el sueño

Ha amanecido.
No hace falta luciérnaga sino ardor.

Primero la daga que no salva
que cierra el párpado hacia el mundo.
Nubla el ojo tácito de velar por uno
quien única vela de veras por uno
quien única ampara contra el modo implícito
que tienen algunos de querer.

Luego la llaga el riesgo de elegir
dicen te quiero aunque no fuera incluso lo que iban a
/decir
la opción que consolara   que revistiera
la hidra anulándonos
prohibiendo quererse en el mismo país.

Por fin el sueño   la salvaguarda
alguien anuncia el final del acto
alguien entrega el secreto preferido del alma.

Si eres buen músico
escaparás en desbandada
por una planicie fluorescente

verás el músculo de la noche justo en el ademán de tu
/mano.

Despertarás del sueño con el ojo tácito de velar por uno
quien único vela de veras por uno   quien único ampara
cifrando en maitines el filo la daga la llaga
la quintaesencia para amar mejor.

Foto de Samantha Lim

Lluvia en las dunas

Dices
Desiste
deja colgado el horizonte
seguiré siendo agua de domingo insolidario.

No conviene el malogro del mundo
el mucho miedo de volvernos ruines
de volvernos nada.

Imprevisto dolor
caprichos de esta vida
que nadie nunca espera.

Digo
Nuestro mundo es uno
se podría en dos   en mil
en dos mil doscientas posiciones
amar al crepúsculo.

Cada uno sale a ganar como puede
las paredes invisibles y afiladas
las verdaderas paredes del mundo
cada uno sale a salvar como puede su alma
a relieve en una manzana.

Dices
Una madre quiere
ella me quiso
y estoy sola   no lo sabes
no puedes saberlo aún.

Digo
Te espero
y amaré por siempre las gotas escasas
que el tiempo retorne a la rueda de mi siglo.
Esperaré el abrazo de oro
el regreso de tu lluvia
a mis campos abandonados.

Lo importante es el tiempo
ese lenguaje suyo tan domesticador
los torrentes volverán al cauce
y tú estarás conmigo.

Dices
Olvida y camina
mira mis pasos alejarse.

¿Quién te ha dado esperanzas?
¿Te las ha dado el tiempo?

Digo
¿Quién que haya amado
no ha visto los labios promisorios del Tiempo
flameando como la esperanza
como lluvia en las dunas
como sangre en altares?

¿Quién que haya amado
no sabe que esa agua
ha de irrigar por siempre
mi fabula y todas las fábulas de Dios?

Sobre la autora…

Iliana Rosabal-Pérez nació en Palma Soriano, Santiago de Cuba en 1970. Licenciada en Letras por la Universidad de Oriente (1993), Master en Estudios Cubanos y del Caribe (2004) y diplomada en Antropología Cultural (2007). Poetisa, ensayista, e investigadora. Fue profesora de Arte, Literatura, Lengua Española y Comunicación Turística en la Universidad de Oriente durante veintidós años.

Por su escritura poética obtuvo varias menciones y premios en concursos literarios, entre ellos el Gran Premio de Poesía en el Concurso "Palma Real" en Torino, Italia (2001) y el Premio Accésit del Jurado en los XIV Juegos Florales, Santiago de Cuba (2009). Su trabajo ensayístico y de investigación ha sido publicado en revistas culturales y académicas cubanas. Tiene publicados *Escrituras del límite* (Santiago de Cuba, 2007), su primer libro de poesía y *Seven Sculptors of Santiago de Cuba* (Trinidad y Tobago, 2010), un trabajo en coautoría sobre crítica artística. Actualmente vive en Nebraska, E.UA.

Ediciones Laponia
Houston, TX
2019

Lluvia en las dunas de Iliana Rosabal-Pérez,
concluyó su proceso editorial en diciembre de 2019
en la ciudad de Houston, Texas, Estados Unidos de América

www.ingramcontent.com/pod-product-compliance
Lightning Source LLC
Chambersburg PA
CBHW060506080526
44584CB00015B/1565